1. 腰痛はこんなとき

体のほぼ中心に位置する腰は、上半身と下半身の両方の影響を受けます。その動きが急激であったり、その人の体の能力以上の力やひねりのような動きが加わると、腰には大変なダメージとなり、腰痛を発症します。

腰痛は職場や日常生活の中で、次にあげるようなさまざまな要因やきっかけで起きています。また、いくつかの要因が重なって起きている場合もあります。

姿勢や動作の要因

- 急にからだをひねったとき
- 重量物を持ち上げたり、押したり、引いたとき
- 前かがみの姿勢や後ろにそる姿勢を繰り返したとき
- 長時間同じ姿勢を続けたとき

作業環境の要因

- 寒冷職場で作業して
- 照明が暗くてつまずいて
- 乗り物や機械の振動が伝わって
- 滑りやすい床で作業をして
- 狭い空間で作業して

個人的な要因

- 年齢
- 体格
- 筋力
- 生活習慣
- 通勤状況

2. 腰痛の主な原因

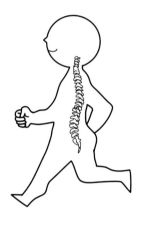

腰痛は、人間の二足歩行の歴史とともに存在してきたといわれています。直立姿勢になったことで上半身の重みが腰に集中し、また背骨を支えるために背筋や腹筋が絶えず働き、腰の筋肉に疲労がたまることで腰痛が起きるのです。

腰痛は、正確には病気や障害によって引き起こされる病気の症状の名前です。その原因となる病気や障害とは・・・・・

筋肉系の病気

● **筋・筋膜性腰痛(腰痛症)－腰背筋が疲労・炎症を起こして痛む**
姿勢が悪いために一部の筋肉に緊張が続いたり、筋力が弱いために疲労して起きる。筋肉疲労から脊椎のゆがみに至ることもある。

骨格系の病気

● **腰部椎間板ヘルニア**
急に体をひねるなどの原因で椎間板がずれて神経を圧迫する。

● **脊椎分離症**
脊椎の部分をなす椎体が分離した状態。過度の運動で疲労骨折して起きる。

● **脊椎すべり症**
加齢や疲労などで分離した椎体が前方にずれ、痛みやしびれを生じる。

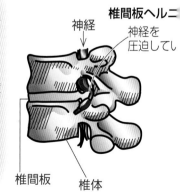

椎間板ヘルニ
神経
神経を
圧迫してい

椎間板　　椎体

その他の病気など

● **内臓疾患**

胃潰瘍や子宮・卵巣の病気でも腰痛は起きる。またインフルエンザでも筋肉や関節の痛みとともに腰痛を起こすことがある。

● **姿勢・動作**

筋肉が弱っている人はいすに座った状態でも椎間板の内圧を高め、腰への負担が大きくなる。
不自然な姿勢や急激な動作なども筋肉や椎間板を傷める。

● **運動不足・肥満**

運動不足は筋力の低下を招き、脊柱を支える筋力が弱まると腰椎に負担がかかり腰痛を招く。

● **血行障害**

同じ姿勢を続けたり、きつい衣服を着たとき、低温の環境下で起きる。

● **精神的ストレス**

常にストレスを受けると血管が収縮し血行が悪くなることから、慢性的な凝りと同じ状態となり、また、筋緊張が高まることで腰痛を招く。

3. 職場における腰痛予防対策

　一日中ほぼ同じ姿勢で行う作業、同じ動作の繰り返し作業、重い荷物の取り扱いなど、毎日行う作業には適切な対策を講じておかないと腰痛を起こす作業が数多くあります。職場における腰痛予防対策を見ていきましょう。

腰痛予防ポイント❶

設備を改善しよう

　重いものや取り扱いにくい荷を持ち上げたり、移動させる作業、また、不自然な姿勢になりがちな作業は、機械の力を利用する自動化や省力化が、腰痛を予防するための最も確実な対策です。

自動化・省力化による改善例

① 持ち上げ・移動・積み込み

出来上がった製品の仮置きから、トラックへの積み込みを人力で行っていた。

電動式リフター等を利用し、移動、積み上げをできるようにした。

② 回転移動

コンベヤーの継ぎ目で製品を手動で力をかけて方向転換をしていた。

継ぎ目に円形ターンテーブルを設置し、小さい力で方向転換できるようにした。

③ 持ち上げ・下げ

長尺の80kgの鋼材を70cmの高さのコンベヤーから人力でおろしていた。

油圧駆動式アームとマグネット式吊具を使って上げ・下げするようにした。

腰痛予防 ポイント❷

作業方法を見直そう

どうしても機械を利用できない作業は、腰に負担がかからない姿勢や動作で作業を行いましょう。

立って行う作業 ●

●作業姿勢・作業動作

　●床、地面から荷を持ち上げるときは、片足を少し前に出し、ひざを曲げ腰を十分に降ろして荷を抱え、ひざを伸ばして立ち上がる

　●荷を持って向きを変えるときは、体ごとまわす

　●複数の人で持つ

　●周辺の障害物を撤去する

●補助具を使用する
（キャスター、足置き台、
　腰おろし台等）

●前かがみや後ろへのそり返りを防ぐ
ために、作業台の高さをリフターで
調整したり、踏み台を使用する

●荷物等

●小分けにし、荷の重量を小さくする。重量別に分類し、重量を示したラベル
を貼る

●材料箱などに握り、取っ手をつけ、
持ちやすくする

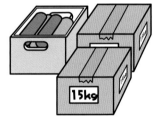

15kg

●コンテナ、運搬車を利用する

●収納棚は重いもの、よく使うものは床から80 ～ 120cmの位置に、
軽いもの、あまり使わないものは高所か低所に置く

☆1人の人が同じ仕事に連続してつくことを避けるようにし、
　作業のローテーションを工夫する。

☆任意にとれる小休憩をふやす

座って行う作業 • • • • • • • • • • • • • • • • • •

●いすに座って行う作業

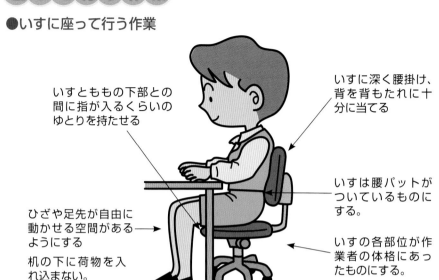

いすとももの下部との間に指が入るくらいのゆとりを持たせる

いすに深く腰掛け、背を背もたれに十分に当てる

いすは腰パットがついているものにする。

ひざや足先が自由に動かせる空間があるようにする

机の下に荷物を入れ込まない。

いすの各部位が作業者の体格にあったものにする。

●運転

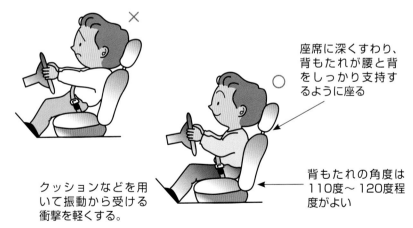

座席に深くすわり、背もたれが腰と背をしっかり支持するように座る

クッションなどを用いて振動から受ける衝撃を軽くする。

背もたれの角度は110度〜120度程度がよい

☆2時間に1回以上は車から降りて休憩を取る

☆休憩中は背伸びをしたり、足の屈伸運動をする

腰痛予防 ポイント③

作業環境を見直そう
作業を行う環境も腰痛の発生に大きくかかわっています。

温度
作業場の温度が低いと、筋緊張が高まることで上体が固くなり、腰痛を起こします。

- 暖房設備により職場を適切な温度に保つ。動きが激しい作業、重量物を扱う作業では温度は低めに、動きの少ない作業では、高めに設定する。
- 作業場所全体を暖房することができない場合は、足元をストーブ等で暖房する。
- 冷房温度は外気温より著しく低くしないこと。冷気が直接体に当たらないようにする。
- 冷凍倉庫などでの作業では、冷気を通さない軽い衣服を着用し、袖口、襟元、足首をよくしめること。

照明
作業場が暗いとつまずいたり滑ったり、階段を踏み外すなど、災害性の腰痛の原因となります。

- 作業場所、通路、機械設備などの状況がはっきりわかる明るさにする。
- 危険作業の場合は通常の作業の2倍ほどの明るさにする。
- 光源近くに物を置かない。
- 切れた電球、暗くなった蛍光灯はすぐに取り替える。
- 照明器具はこまめに清掃する。

<table>
<tr><td>作業床</td><td>運搬作業中に転倒したり、つまずいたりしないように、床はできるだけ平坦に、また滑りにくい状態を保つことが大切です。</td></tr>
</table>

● 床を這う配線、段差、凹凸の部分には、覆いを設ける。

● ぬれやすい通路は、砂入り塗料で舗装するなど、滑りにくい素材にすることが望ましい。

● 床のタイルや階段の滑り止めなどが破損したら、すぐに修繕する。

● 床に水や油をこぼしたらすぐにふき取る。

<table>
<tr><td>作業空間</td><td>立ったり、座ったりするとき、左右の手を水平方向・垂直方向に伸ばした空間に、動作の障害となるものがないようにします。</td></tr>
</table>

● 作業場所の整理・整頓を行う。

● 作業の邪魔になるものを取り除いてから作業にかかる。

4. 腰痛を防ぐ日常生活での注意と工夫

日常生活のちょっとした動作を気をつけることにより腰痛を防ぐことができます。

日常生活の動作の工夫

起きるとき

急に飛び起きない、体を手で支えてゆっくり起きる

靴下を履くとき

中腰で履かない。
いすを使うか、床に座って履く

炊 事

流し台に近づいて行う

通勤・買い物のとき

荷物は左右に持つ
できれば背負う

掃除機をかけるとき

前かがみにならない
ようにする

姿勢は正しく

正しい姿勢は、腰痛の予防に役に立つだけでなく、
慢性の腰痛の治療にもつながります。

立つ姿勢

あごを引いて
おなかを軽く
引き締める

歩く姿勢

ひざを伸ばし、
かかとから着地する

食 生 活

3度の食事をきちんととり、カルシウム、ビタミン、たんぱく質をバランスよくとりましょう。

十分な休養、睡眠

睡眠を十分にとりしっかり休養し、疲れを翌日に残さないようにしましょう。

適正な体重

肥満は腰に負担を与えます。食生活、運動習慣を改善し、適正な体重を維持しましょう。

5. 体を動かして腰痛を予防しよう

腰痛を防ぐには、ふだんから筋肉を柔軟にしておくことと、腰部を支える筋肉（腹筋、背筋など）を補強しておくことが大切です。いろいろなバリエーションを紹介します。生活に合わせて、実践しましょう。

筋肉を柔軟にするストレッチング

**ストレッチの
ポイント**

- はずみをつけず、ゆっくり伸ばす
- 伸ばしている部分に意識を向ける
- 伸びている姿勢を10～30秒間保持する
- 呼吸は止めずに行う

①背伸び

足は肩幅くらいに開く。かかとは床につけたまま、両手をあげて上に伸びる。

②背中のストレッチ

壁を背にして50cm程度離れて立つ。足は肩幅に開き、つま先を正面に向け、ゆっくりと体をひねり壁に手をつける。ゆっくりと反対側も行う。

③腰とお尻のストレッチ

片方のひざを胸にひきつけ抱える。その足を肩が浮かないように、反対側へ倒す。顔はひねった方向と反対側を向く。

筋肉を補強する運動

補強運動のポイント

- 息を止めずに行う
- ひとつの運動を5～10回繰り返す

①へそのぞき（腹筋）

両ひざをほぼ直角に曲げて仰向けになる。両手を頭の後ろで組み、おへそをのぞくように上体を起こす。しばらく保持し、ゆっくり戻す。

②スクワット（下半身の筋肉の補強）

足を肩幅に開き、両手を後ろに組む。上体を前傾させないようにゆっくりひざを曲げる。顔は正面を向け、かかとは床から離さない。

③ヒップアップ（背筋・でん筋の補強）

ひざを曲げて仰向けの姿勢から、ゆっくりと腰の上げ・下げをする。腰をそらせすぎないようにする。

立って行う体操

①体側伸ばし

②開脚体捻転

③その場駆け足

④足の伸展

いすに腰掛けて行う体操

①背伸びの運動

②おじぎの運動

③へそのぞき運動

④足首曲げ伸ばし運動

すぐに実践シリーズ

防ごう！ 腰痛

平成20年 7月25日　第1版第1刷
令和元年 9月18日　　　第8刷

編　者　中央労働災害防止協会
発行者　三田村 憲明
発行所　中央労働災害防止協会
　　　　〒108-0023　東京都港区芝浦 3-17-12　吾妻ビル 9 階
　　　　ＴＥＬ＜販売＞ 03-3452-6401
　　　　　　　＜編集＞ 03-3452-6209
　　　　ホームページ　https://www.jisha.or.jp/

印　刷　熊谷印刷 (株)
イラスト　安藤 しげみ
デザイン　(株) ユニックス
©2008　24065-0108
定価：(本体 250円+税)

ISBN978-4-8059-1200-3　C3060　¥250E

正しく着用
労働衛生保護具の使い方

中央労働災害防止協会

✚ 保護具の目的は

◇有害な因子から身を守る最後の砦

　職場で使われたり発生したりする化学物質・有害光線・騒音など、私たちの健康を害するものから身を守るために使用するものが保護具です。保護具は、設備だけでは防ぎきれない有害な物質から身を守る最後の砦になるのです。

CONTENTS